十三届全国人大二次会议《政府工作报告》学习辅导

政府工作
必须把握好的几个关系

杨书兵　著

中国言实出版社

图书在版编目（CIP）数据

政府工作必须把握好的几个关系 / 杨书兵著. -- 北京：中国言实出版社，2019.3

ISBN 978-7-5171-3108-3

Ⅰ.①政… Ⅱ.①杨… Ⅲ.①国家行政机关－工作－研究－中国 Ⅳ.① D63

中国版本图书馆 CIP 数据核字（2019）第 055361 号

出　版　人：王昕朋
总　监　制：朱艳华
责任编辑：史会美

出版发行　中国言实出版社
　　　　　地　址：北京市朝阳区北苑路 180 号加利大厦 5 号楼 105 室
　　　　　邮　编：100101
　　　　　编辑部：北京市海淀区北太平庄路甲 1 号
　　　　　邮　编：100088
　　　　　电　话：64924853（总编室）　64924716（发行部）
　　　　　网　址：www.zgyscbs.cn
　　　　　E-mail：zgyscbs@263.net
经　　销　新华书店
印　　刷　北京温林源印刷有限公司
版　　次　2019 年 3 月第 1 版　　2019 年 3 月第 1 次印刷
规　　格　850 毫米 ×1168 毫米　1/32　0.5 印张
字　　数　8 千字
定　　价　6.00 元　　ISBN 978-7-5171-3108-3

政府工作必须把握好的几个关系

李克强总理在十三届全国人大二次会议上所作的《政府工作报告》中指出，做好今年政府工作，要注重把握好以下关系：统筹好国内与国际的关系，凝心聚力办好自己的事；平衡好稳增长与防风险的关系，确保经济持续健康发展；处理好政府与市场的关系，依靠改革开放激发市场主体活力。我们一定要认真学习领会，切实贯彻落实到各方面工作之中。

一、统筹好国内与国际的关系

改革开放后，党中央确立了统筹国内国际两个大局，利用好两个市场、两种资源的重大战略方针。几十年来，根据不同时期的国内外情况和发展需要，我们实施一系列符合当时特点的政策措施，不断扩大对外开放，充分利用两个市场、两种资源，推动了经济的长期快速发展。近年来，国内外环境发生深刻变化，无论是国内的要素条件、供需结构、增长方式等，还是国际上的贸易环境、要素流动、地缘政治等，都呈现出新的特征，我国发展的内外条件和比较优势都发生了重大变化。在新的历史时期，统筹好国内国际两个大局更为重要，也更为复杂，只有准确把握国内外形势变化，因情而动、妥善应对，才能在推动高水平开放过程中牢牢抓住发展主动权。

统筹好国内与国际的关系，根本目的是实现自身的更好发展。改革开放40年来，中国经济持续快速增长，经济总量已稳居世界第二，生产力水平和综合国力显著提升，国家面貌发生了翻天覆地的变化。同时，我们必须清醒地看到，虽然我国已成为体量巨大的经济大国，但与发达国家相比仍有很大差距，仍是一个发展中国家。2018年，我国人均国内生产总值只有64644元，折合不到1万美元，人均收入仅排在世界70多位。要实现中华民族伟大复兴的中国梦，让全体人民都过上富裕美好的生活，还任重道远。在一个较长时期内，发展仍是解决我国一切问题的基础和关键，仍是第一要务，仍是硬道理。对此，必须铭记于心、落实于行，不要有任何动摇。在开放条件下搞发展,有国内国外两个市场、两种资源可资利用,发展选择空间巨大。统筹得好,发展就如虎添翼;统筹得不好,也会产生副作用,甚至引发严重后果。作为一个处于追赶阶段的发展中国家,我们讲发展是第一要务,根本上指的是自身发展;统筹好国内与国际的关系,根本目的也是为了自身发展。这个落脚点任何时候都模糊不得。中国是一个大国,有世界上最多的人口,解决好中国的问题,本身就是为世界发展作贡献。同时,我国奉行互利共赢的开放战略,我们的发展也必然会为其他国家发展带来机遇和帮助。2018 年,中国经济增速居世界五大经济体之首,对世界经济增长贡献率接近 30%,仍是世界发展的动力之源。

切实把握好对外投资的力度和节奏。这些年,随着我国经济实力的不断增强,对外投资蓬勃发展。据统计,自 2002 年中国建立对外直接投资统计制度以来,对外直接投资持续快速增长 14 年,年均增速高达 35.8%。截至 2017 年底,境内投资者在国(境)外共设立企业 3.92 万家,分布在 189 个国家和地区,资产总额达 6 万亿美元。这不仅对推动国内产业转型升级、提升对外开放水平发挥了重要作用,也对深化国际经贸关系、带动其他国家发展产生了积极影响。特别是，与"一带一路"沿线国家的投资合作成效显著，为中国及相关国家的发展提供了重要动力。同时也应看到，我国一些企业在对外投资过程中存在着一定程度的盲目性、无序性，有些投资缺乏前期深入调研，急着上马开工，结果效益不佳；个别企业甚至出现了乱投资现象，为了追名逐利，什么事都做、什么项目都干。对这些问题，虽然有关部门已采取措施，但要真正统筹好国内外投资关系，把握好"走出去"的力度和节奏，仍需深入研究探索。这里特别指出，作为一个仍处于发展阶段的大国，国内自身可做的、要做的、必须做的发展之事还很多。从某种意义上说，一个成熟发达的社会犹如一个成年人，再长个子是很困难的。我国的情况却大为不同，不仅国大人多，而且区域和城乡发展差别巨大，广袤的中西部和农村地区仍亟待发展，无论是投资需求还是消费需求，增长潜力都十分巨大。单从这方面看，如果说一些中小经济体实现高速或中高速增长的时限是二三十年，那么我国很可能有四五十年之多，也就是说，我国进入高质量发展阶段后，仍可能维持一二十年的中高速增长。因此，在统筹国内国外投资的时候，首先要考虑国内投资需求，优先做好自己的事情，坚决避免"种了别人的地，荒了自家的田"。在对外发展中，既要从利用好外部资源市场和发展国际关系的角度考虑问题，也要尽量兼顾到国内投资和产业转型升级等方面，切实把握好节奏和力度。

着力提升自主创新能力。改革开放以来，我们通过引进、消化、吸收、再创新，科技能力和生产力水平大为提高。从电视机、洗衣机、电冰箱、空调等生活日用品，到移动电话、个人电脑、互联网应用等信息用品，从钢铁、石化、建材等传统产业，到量子通信、载人航天、分子生物等尖端技术，我们与国际先进水平的差距不断缩小，在有些领域甚至开始领跑。我国是一个拥有近14亿人口的社会主义大国，我们具有实现中华民族伟大复兴中国梦的宏伟理想，在向世界舞台中央日益靠近的发展过程中，必然会遇到外界的重重阻力和严重干扰。目前看，我们要在引进吸收国外先进技术的同时，大力强化原始创新，加强关键核心技术攻关，全力突破"卡脖子"领域。同时，对于涉及国计民生的重要战略领域，如粮食安全、能源供给等，一定要超越市场交易层面考虑问题，必须有底线思维和深谋远虑，千万不能因一时之便、一时之得而牺牲战略安全，确保任何时候都不能受制于人。

二、平衡好稳增长与防风险的关系

稳增长和防风险是相辅相成的。二者都很重要，是对立统一的关系，短期看具有一定矛盾性，长期看则完全一致，都是为了实现经济的持续健康发展。稳增长，是从基础上防风险，也是为防风险创造条件。中国经济运行就像一辆骑行中的自行车，如果达不到必要的速度，就会失去平衡，甚至摔跟头。只有经济增速保持在合理区间，才有就业的稳定、收入的提高、民生的改善，才能为推动高质量发展、深化供给侧结构性改革、打好"三大攻坚战"提供必要的宏观环境。可以说，没有一定速度的经济增长，其他一切都无从谈起。防风险，是稳增长的有力保障和必要措施，是从根本上稳增长。如果在经济金融领域发生大的系统性风险，不仅经济增长难以为继，还会引发一系列严重社会问题。找准稳增长与防风险的平衡点至关重要，把握得当就会相互推动、相得益彰，把握失当则会相互破坏、两败俱伤。现在，我们比历史上任何时期都更接近中华民族伟大复兴的目标，机遇难得、充满希望，但也面临着矛盾叠加、隐患增多、风险难控等挑战，既要千方百计稳增长，也要未雨绸缪防风险，确保我国经济实现持续快速健康发展。

防范化解经济金融风险要讲究方式方法。防范化解重大风险是"三大攻坚战"的首要战役。过去一段时间，我们坚定不移去杠杆，取得了初步成效，宏观杠杆率得到一定控制，资金脱实向虚势头得到遏制。有关资料表明，2012—2017 年，我国杠杆率的年均涨幅是 11.8 个百分点，而 2018 年比 2017 年下降了 1.5 个百分点，是 2012 年以来首次实现降杠杆。与此同时，杠杆结构进一步优化，债券市场、影子银行、房地产市场、地方债务等领域的风险隐患也得到一定释放。总的看，目前我国经济金融风险总体可控。但也要看到，由于部分领域防风险政策形成了叠加效应，导致一些企业特别是中小企业融资难融资贵问题抬头，甚至影响了企业的正常运营。长期积累的诸多风险隐患必须加以化解，但一定要把握好力度和节奏，按照坚定、可控、有序、适度要求，在发展中逐步化解风险。事实上，增长因素和风险因素是错综复杂地交织在一起的，许多风险因素本身就是增长因素，随着量变而正负效应不同。防风险犹如治病，当发病机理复杂又没有明确病灶时，采取中医疗法更好，即寓治疗于调理之中。要防止将防风险片面化，不能为防风险而防风险，更不能为防风险而放弃正常的发展。要遵循规律，防止一刀切、运动式等做法，特别要防止"拔出萝卜带出泥"，引发处置风险的次生风险。具体来说，同一部门出台多项政策时，要做好统筹规划，安排好先后顺序，防止形成负面累积效应。不同部门在同一时间出台多项政策时，要加强协调配合，分清轻重缓急，避免形成负面叠加放大效应。特别要看到，在当前经济下行压力加大情况下，稳增长是今年的重要政策目标。相应地，稳杠杆也就非常必要，因为稳住总杠杆才能稳住总需求。中央提出结构性去杠杆和稳杠杆，一个基本要求就是实体经济总杠杆率要保持稳定，将去杠杆的重点放在国企。此外，中央政府的杠杆率较低，2018 年为 16% 左右，在适当提高赤字率、扩大债务规模方面是有空间的。

必须确保经济运行在合理区间。处理好稳增长与防风险的关系，关键是保持经济平稳增长。今年，我国国内生产总值预期增长目标为 6%—6.5%，这是根据当前国内外形势和我国经济发展实际状况等多种因素综合考虑的结果。据有关测算，这一目标符合全面建成小康社会要求，今明两年 GDP 增速只要保持 6.2% 左右，就可以实现到 2020 年比 2010 年翻一番的目标。达到这一经济增速，也能保证就业稳定、收入增加、民生改善等目标实现。可以说，稳增长是稳定之锚、发展之基，是当前政府工作最为重要的任务之一，既定目标必须确保完成。同时，在此前提下，以最大力度、最有效手段做好防风险各项工作，实现稳增长与防风险互促共进。

三、处理好政府与市场的关系

处理好政府与市场关系，是经济体制改革的核心问题。改革开放以来，我国经济社会发展成就辉煌，最为重要的一条经验是，坚持在社会主义制度下发展市场经济，不断理顺政府与市场的关系。新中国成立之初，我国实行的是高度集中的计划经济体制。党的十一届三中全会之后，我们开始探索把计划和市场有机结合起来的体制机制。党的十四大提出，我国经济体制改革的目标是建立社会主义市场经济体制，让市场在国家宏观调控下对资源配置起基础性作用。党的十八届三中全会提出，使市场在资源配置中起决定性作用和更好发挥政府作用。党的十九大进一步回答了如何加快完善社会主义市场经济体制、什么是经济体制改革的重点等重大问题，为进一步理顺政府和市场的关系指明了方向。正是在对政府和市场关系的持续探索和实践中，我国的经济体制改革不断推进、全面深化，走出了一条适合自身发展的光明大道。近年来，我们紧紧抓住理顺政府与市场关系这个关键问题，大力推进简政放权、放管结合、优化服务改革，让市场和政府这"两只手"的作用得到进一步发挥。但也应看到，我国经济发展的体制机制性障碍尚未完全消除，市场配置资源的决定性作用还未充分发挥，市场主体活力有待进一步激发，政府管理中缺位错位情况仍然存在，必须深化改革，进一步理顺政府与市场的关系。

处理好政府与市场关系，根本目的是让市场主体充满活力。市场主体有无活力，是检验政府与市场关系是否合理的最重要指标。只要市场主体有活力，整个经济就有活力，国家发展自然就有了不竭动力和光明前景，想不发展都难。激发市场主体活力，是一个复杂的系统工程，从大的方面看，主要包括内在和外在两个因素。在我国现有经济体系中，非公有制市场主体无论规模大小、素质高低，并不缺乏内生动力，但国有企业由于体制机制原因，仍然存在压力不够、动力不足等内在活力问题。从外部因素看，无论哪类市场主体，都面临着营商环境不佳的问题，其中，非公有制市场主体，特别是中小微企业，问题尤为突出。当前，激发市场主体活力需要做的工作很多，涉及改革开放的诸多方面，最为重要的是以下三点：其一，大力优化营商环境。近两年，国务院在这方面做了大量工作，成效显著。要继续深化"放管服"改革，进一步简政放权，加强公正监管，优化政府服务；加大减税降费力度，着力解决融资难融资贵问题；放宽市场准入，加快建立统一开放、竞争有序的现代市场体系。其二，加快推进国资国企改革。这方面改革的大政方针已经明确，要加大推进落实力度。要加强和完善国有资产监管，推进国有资本投资、运营公司改革试点；积极稳妥推进混合所有制改革；完善公司治理结构，健全市场化经营机制，建立职业经理人等制度；依法处置"僵尸企业"。其三，充分调动科研机构和科研人员积极性。创新是引领发展的第一动力。我国经济能否跨越中等收入陷阱、能否实现转型升级和持续健康发展，科学技术发挥着至关重要的作用。近年来，我们在调动科研机构和科研人员积极性方面做了大量工作，但许多政策措施难以落地见效。特别是，我国科研机构大多为事业单位，仍然有巨大的改革空间和活力释放余地。从某种意义上说，在我国整个现代化建设事业中，发展是纲，而在推动发展中，则创新是纲。一定要从战略高度看待和推进有关工作，努力实现纲举目张。我们有世界上最庞大的科技队伍，有较为完善的科技体系，也具备了雄厚的物质技术基础和资金实力，加上中国人特有的、世所罕见的勤奋精神，只要把科研机构和科研人员的积极性激发好、调动好、发挥好，何愁国家不富不强！

更好发挥政府作用，是社会主义市场经济的突出优势。与一般市场经济体制相比，社会主义市场经济体制具有得天独厚的优越性，能够把政府和市场的作用有机结合起来，形成集合甚至放大效应。从这些年的实践看，政府在宏观调控、重大问题把控、战略目标设定、规划编制实施、集中力量办大事等方面，做得是比较好的，这也是一般市场经济国家无法比拟的。同时应看到，目前政府作用发挥中仍然存在着管得过多过细的问题，在有些方面，该管的没管好、不该管的放不下，一定程度上干扰了市场作用发挥和企业活力释放。改善政府管理，需要做的工作同样很多，这里强调两点：第一，要充分发挥地方政府的积极性。改革开放以来，各级地方政府在推进经济发展中扮演了重要角色，形成了县与县、市与市、省与省之间"比学赶帮超"的竞争格局，成为我国经济快速发展的重要因素。要与时俱进采取措施，不断激发地方政府的主观能动性，使其在改革开放、经济发展等方面继续发挥重要作用。第二，集中力量解决"卡脖子"问题。当前，我国处于将强未强的特殊时期，经济发展处于"追赶阶段"的闯关时期，要利用好我们的体制机制优势，集中力量、整合资源，尽快突破核心关键技术、设备、零部件和原材料等方面的"卡脖子"问题。当然，在具体做法上，要尽量采取市场化手段。